ASKESE

UFULDENDTE SERENADER

Et Schopenhauersk forestillingsbind

Kim Gørtz

KIM GØRTZ

ASKESE

UFULDENDTE SERENADER

Et Schopenhauersk forestillingsbind

2025

SAGARO REC & PUB

ISBN: 978-87-7691-998-6

Forlag: BoD · Books on Demand, Strandvejen 100,

2900 Hellerup, bod@bod.dk

Tryk: Libri Plureos GmbH, Friedensallee 273,

22763 Hamborg, Tyskland

Man kan ligeså lidt gå ud af sin egen bevidsthed som
ud af sit eget skind, og lever umiddelbart kun deri;
derfor nytter ydre hjælp ikke stort.

Arthur Schopenhauer

Livsvisdom, s. 10, 2023

En blind trang

Fantasmagoria

Tingenes inderste, sande væsen, erkendelseslivets
skygger, de evige ideer, alle tings grundformer;
urbilledet, en egentlig erkendelse søges.

En kontemplativ abstraktion, en åndelig erkendelse
og frelse, en visdomslære, viljen til livet, den
livsbegærlige vilje; afsoner, glemmer, splittelse og
lidelse – Mayas slør.

Modstridens kedsomhed, smertens rastløse jagen
og flugt, den egentlige vildfarelse; forløsningens
lygte i mørket, den smerteløse tilstand – at være
metafysisk fri i samvittighedsangsten.

Kærlighedens dybfølte grund og medlidenhed;
helligheden, der vender sig bort og fornægter livet,
resignation, forsagelse, det usle livs korruption.

*"En, som ikke gør noget af alt det, han gerne ville,
og som gør alt det, som han ikke havde lyst til".*
(Thomas Mann, Schopenhauer, s. 30, 1964)

Evnen til at lide, den højeste indsigt, human
ærefrygt, livsforhøjende sjælefred; en sjælelære, en
melankoli, en pessimisme, en askese, en kunst og en
menneskestolthed.

At fornægte verden, følende, hvor filosofi er hjertets
og sansernes sag; selve livets sag.

Ingen kan slippe uden om sin individualitet.

Schopenhauer, s. 11, 2023

Hvad man er i sig selv og har i sig selv, kort sagt,
personligheden og dennes værd, er den eneste
umiddelbare og direkte faktor i éns lykke og
velfærd.

Schopenhauer, s. 19, 2023

Nød og savn avler smerte, sikkerhed og overflod
avler kedsomhed.

Schopenhauer, s. 25, 2023

Et menneskes lykke består i en uhindret udfoldelse
af dets ypperste evner.

Schopenhauer, s. 32, 2023

Indhold

Eudæmonologi

Et på fuldkommen sundhed og en lykkelig
organisation hvilende, roligt og muntert
temperament, en klar, livlig, indtrængende og
rigtigfattende forstand, en behersket, blid vilje
og derefter en god samvittighed, det er fortrin,
som ingen rang eller rigdom kan erstatte.

Schopenhauer

Livsvisdom, s. 12, 2023

Eudæmonologi

En vejledning til en lykkelig tilværelse;

kunsten at gennemføre livet så behageligt og lykkeligt som muligt.

Væren, haven og forestilling, ære, rang og ry, velvære, følen, villen og tænken, personlighed, ånd og hjerte.

Levemåde og åndsdannelse; tomhedens tidsfordriv, sindets munterhed, gemyttets helbredstilstand, nervekraft, melankoli, følsomhed – *dyskolia*, livslede – *euskolia*, sundhed.

Den lyse og klare aften. Den frit formet og underholdende kærlighedssang. Som en forelsket bejler synges disse sange til en elsket læser: *Askese. Ufuldendte serenader. Et Schopenhauersk forestillingsbind.*

Det er helt Schopenhauersk!

1. Sundhed, kraft, skønhed
2. Temperament, moralsk karakter
3. Intelligens, uddannelse, vilje
4. Askese, forestilling, ensomhed
5. Livslykke, kedsomhed, lidelse

Ufuldendte serenader på vej

Sæson 2

Magt. *Et Foucaultsk galskabsbind*

Begær. *Et Freudsk neurosebind*

Selv. *Et Laingsk spaltningsbind*

Sundhed. *Et Frommsk hjertebind*

Skrift. *Et Barthessk tegnbind*

Tidligere udgivelser i sæson 2

Frigørelse. *Et Marcusesk erosbind*

Singularitet. *Et Reckwitzsk illusionsbind*

Sker. *Et Kirkebysk begivenhedsbind*

Etos. *Et Spinozask substansbind*

Tidligere udgivelser

Sæson 1

Frifundet. Et Kafkask procesbind

Inderlig. Et Kierkegaardsk eksistensbind

Væsentlig. Et Heideggersk værensbind

Aura. Et Benjaminsk passagebind

Hellig. Et Agambensk nøgenbind

Immobil. Et Sloterdijksk sfærebind

Fremmed. Et Rosask resonansbind

Flugt. Et Deleuzesk rhizombind

Livsvilje. Et Nietzschesk kraftbind

Negativ. Et Adornosk fortryllelsesbind

Det er en stor tåbelighed at miste indadtil for
at vinde udadtil, dvs. helt eller for en stor del
at opgive sin ro, sin fritid og uafhængighed for
glans, rang, pragt, titel og ære.

Schopenhauer

Livsvisdom, s. 32, 2023

Den indre tomhed; åndssløvheden

At være Herre over sit eget liv og få glæde deraf.

Verdens bifald!

Min skytsånd; hovedkilden til den menneskelige lykke udspringer i éns eget indre.

Livskraften!

Viljen til den eneste uudtømmelige kraft.

Degraderende adspredelse!

Vore erkendelseskræfter er former af sensibiliteten; en slags kildren af viljen.

I en saligt-levende atmosfære!

En tankerig, livfuld og betydningsfuld tilværelse.

Ædle impulser gennem naturen!

Trangen til at lære, trangen til fritid.

Et intellektuelt, åndeligt liv!

Tilladelsen til, hele livet igennem, hver dag og hver time, helt at turde være sig selv.

Livskraft!

"Lykken synes at bestå i fritid", siger Aristoteles.

Uafhængig fritid – med dannelse!

Den store hobs liv går hen i sløvhed, idet deres digten og tragten helt er rettet på den personlige velfærds smålige interesser og alskens misérer, hvorfor de også overfaldes af en uudholdelig kedsomhed, så snart de ikke har det at beskæftige sig med, men bliver henvist til sig selv, og kun lidenskabens vilde ild formår at bringe bevægelse i den størknede masse.

Schopenhauer

Livsvisdom, s. 35, 2023

Kedsomhedens sande kilde og rækkevidde

At holde sig i ro ved et stort lykketræf i den fri eksistens med større livlighed, i en stille forbitrelse hos den store lyksaligheds-lærer i glædens operation, når såret læges; "dagen er min", *at skaffe sig øjeblikkelig lindring for den trykkende kedsomhed*, den balstyrigt krybende middelmådighed, *"... en mands venner tilhører ham ikke en smule mere, end han tilhører dem."* (Schopenhauer, Livsvisdom, s. 52, 2023)

Anseelsens forfængelighed (*vanitas*), smigret; *at dæmpe den store følsomhed overfor fremmedes mening*, en kummerlig udvej, menneskedressurens mani, *"... den fremmede mening ... halvdelen af alle vore bekymringer og ængstelser stammer derfra. Thi den ligger til grund for al vor selvfølelse, der i sin sygelige følsomhed så ofte bliver såret..."* (Schopenhauer, Livsvisdom, s. 57, 2023)

Sjælefrelse, naturlig opførsel, tilbagetrukken levemåde, *giver os tilbage til os selv*; stolthedens dumdristighed, en simuleret sfære, æren og skamfølelsen, agtelsens spejl, fornærmelse og forhånelse, menneskets værdighed, verdens øjne, berømmelse og bedrifter, en forstenet glans, misundelsen – samtidens tavshed og trykkede læber – øjeblikkets lune, hjernetomme; *"Når et hoved og en bog støder sammen, og det lyder hult, er det så altid bogen?"* (Lichtenberg) (Schopenhauer, Livsvisdom, s. 103, 2023)

Rigdommen ligner havvand:

jo mere man drikker af det,

desto mere tørstig bliver man.

Det samme gælder berømmelse.

Schopenhauer

Kunsten altid at få ret, s. 159, 2008

Det ynkelige tidsfordriv; adspredelserne

At udvide sin horisont, *i intelligensens rige har smerten ingen magt, men alt er erkendelse*; "stiger som en duft op over denne viljesverden".

Méprise – i dybeste mismod, i desperat isolation; stridspunktet snupper nervemassen, smelter og omstøder nerveagtigt, afvasker og krænker noget vås – *mutatio ignoratio.*

Chikaner i flæng, uforblommet maskerede, uforskammede kneb, fordrejer, afleder; konsekvens-mageriet væltes omkuld – *retorsio* – latterligt at vinde gehør, svæver helt og aldeles som damp.

Blafrende stokkeprygl – *verecundiam vulgus* – "jeg bæver ikke"; *dyppet i den manglende tænke- og dømmekrafts flod*, fordægtigt "våsede vi".

Et ømt punkt, forstummen i galehuset, et mærkbart indhug, at forbløffe med meningsløs ordskvalder, krænkende, forbitret – *desipere est juris gentium* – hjernegymnastik; nederdrægtighedens snuhed.

At vælte en selv – *veritas est in pueto* – en åndelig fægtekunst – *stratagemata*; et heroisk, intellektuelt liv, slyngelstreger – *filous – plaudite – despectio - suspectio.*

Væmmelsen; *visdommens begyndelse er frygten for menneskene.* (Chamfort) Bedrøvelsen; *løgnen er samfundslivets sjæl.* (Laopardi)

Der findes en slags samtalens forførelse, som
sniger sig ind og indsmigrer sig og akkurat
ligesom beruselse eller kærlighed aflokker
hemmeligheder.

Schopenhauer

Kunsten altid at få ret, s, 170, 2008

Tankernes uudtømmelige liv;
falliterklæringer

Ubestemte *du*, skurke og fjolser, nedrigt afskyeligt,
smålighed og usselhed; *"og hvad det dernæst
kommer an på, er hvem, der er alene."*
(Schopenhauer, Kunsten altid at få ret, s. 111, 2008)

"Lad mig i fred!" – *vue nette* – "vær tilknappet!" –
*"Verden er blevet mig tom og øde. Hele mit liv har
jeg følt mig skrækkelig ensom og altid sukket dybt."*
(Schopenhauer, Kunsten altid at få ret, s. 115, 2008)

"Jeg er forblevet ensom", elendige sjufter –
diversorium – knaldeffektens lastdyr – *mens aequa* –
en usigelig angstfølelse, en bestandig indre
bekymring; en sløv skurk, helt afstumpede.

Den frie tid; *en kvalfuld linedans på den smalle
margin, inden for hvilken vi er forundt at kunne tale
uden fare* – knevrer platheder, åndsvagheder og
ynkeligheder – *misanthropiae* – livs-saften.

Magnum vectigal parsimonia (Cicero).

Hjertestyrkning – *perspicacitet*; at knuge
berøringspunkter.

*"Nyd til hver en tid nuet så muntert som muligt: det
er livsvisdom."* (Schopenhauer, Kunsten altid at få
ret, s. 180, 2008)

Vi må have skuffer til vore tanker,

når vi åbner én,

lukker vi de andre.

... selvtvang ...

Schopenhauer

Kunsten altid at få ret, s, 181, 2008

Enkelte slappe øjeblikke;
snyltegæsterne

Eudaimonik; afsavnets vej, gemyttets munterhed,
kroppens sundhed, åndens ro nyder nuet, undgår
misundelsen, har erhvervet den egentlige
selverkendelse og tankekraft, en vibrerende ujævn
linje, smertens uundgåelighed, opløftet eller
tungsindig, munter eller gnaven, skælvede og
jamrede dybt, med tristhedens trækplaster.

Bekymringsstoffets åndelig vitalitet, *smerten er
noget væsentligt for livet – exultatio, insolens
laetitia; "se tingene fuldstændig klart i deres helhed
og standhaftigt vogte sig..."* (Schopenhauer,
Kunsten altid at få ret, s. 165, 2008)

Lidelsen ligger i livets og eksistensens væsen,
livstørstens fanger, med en melankolsk stemning, i
tankeskabets selvplageri; munterheden alene har
sin værdi i nuet, sundhed, livsvisdom, nuets ro –
ublidt, *"det bedste, der findes i verden, er en
smertefri og rolig nutid, som er til at bære."*
(Schopenhauer, Kunsten altid at få ret, s. 174, 2008)

Livet er til for at blive tålt – *desengáno* –
snubletråde, åndens præstationer; det at leve skønt,
det at leve godt – livets *logos* – vores hæslige
bøddel, de dystre fantasier, lider stor angst.

Filosoffen bliver altid filosof gennem en
perpleksitet, som han forsøger at sno sig ud af,
og som er det samme som Platons 'at undre
sig', som han betegner som en 'i høj grad
filosofisk følelse'.

Schopenhauer

Verden som vilje og forestilling, s, 106, 2005

Den forhøjede intelligens; ligger brak

Lever tåleligt; *i menneskelivet er det som i terningespillet – det er i livet som i skakspillet – sociis malorum –* med skarnstreger, drillende gespenster; og skrantende vakle i "livets labyrintisk forvirrede løb" (Goethe).

Hvert øjeblik beslutte den gyldne midte – *substine et abstine* – som en gnaven mentor og melankoliker;

"… intellektets store livlighed og kapacitet, som holder kedsomheden stangen og mennesker rigt i sig selv, er uendeligt mere givende end alle de adspredelser, som rigdommen køber."
(Schopenhauer, Kunsten altid at få ret, s. 198, 2008)

Skrupforkerte; nutidens dysterhed, slemme anstalter – *"alle geniale mennesker er melankolikere"* (siger Cicero at Aristoteles har sagt).

Sjæleforstyrrelser, nedtrykt livsmod; *"Aristoteles sætter det filosofiske liv som det lykkeligste"* – ethvert fyldt nu, en smuk egn, en blid vilje – hvad der følger én i ensomheden – er plumpt, et sørgeligt slaveri – et helt og aldeles ærgerrigt sind.

Mennesket går hver time på dagen bevidst sin
egen død i møde, hvilket undertiden gør livet
til en tvivlsom affære selv for den der ikke har
erkendt at allerede livet selv har karakter af
stadig tilintetgørelse.

Schopenhauer

Verden som vilje og forestilling, s, 112, 2005

Den sløveste dumrian/det største geni

Lidelseseksistensens "at ville leve" i et optisk
blændværk uden for sprogets rækkevidde; en viljes-
metafysik og trang til at filosofere med et
hermeneutisk tilsnit – med en hieroglyf.

En underjordisk gang, en hemmelig forbindelse, "et
kropsløst englehoved med vinger"; sit eget
dobbeltvæsen, en vilje til liv, eksistens, velvære,
forplantning – et stående nu (*nunc stans*).

Undtagelsestilstandens 'hvad-hed', et umætteligt
begær, én eneste tanke, de vises sten; at splitte
tanken, en visdomsindvielse – *paucorum hominum*.

En spøg; "i ny og næ at plukke en lille fjer", et øje,
en hånd, der føler en filosofisk lygtemand, den
samme tomhed, blændværkets slør, virkelighedens
væsen – den lange drøm (livet).

Man falder i søvn, filosoffen bestræber sig på at
vågne – "livet er én lang drøm"; *veritas aeterna* –
hjernens maskineri, en kemisk antinomi, *før det
første øje kunne åbne sig*.

Metalogiske sandheder i rummets og tidens neksus,
en dressur; telegrafiske tegn, grammatiske
fleksioner, meta-kritik og veksel-begreber,
parafraser og begrebs-sfærer, en spekulativ filosofi.

Metodisk dialektik, skematiske rejser fra centrum til
periferi og vice versa, fikseret fornuft og
anskuelsens *Empfindung in abstracto*; intuitiv
fysiognomi og *patognomi – signatura rerum*.

Midt i tilværelsens trængsel hvor der er brug
for hurtige beslutninger, kæk handling, rask og
sikker griben til, er fornuften ganske vist
nødvendig, men den kan, hvis den får
overhånd, let ødelægge alt, forvirre og
afstedkomme ubeslutsomhed dér hvor den
umiddelbart forstandsmæssige finden frem til,
og den intuitive griben til det rigtige ellers
hersker.

Schopenhauer

Verden som vilje og forestilling, s, 140, 2005

Livets lidelser; smertefriheden

Viljens inderste dyb, en lattervækkende vittighed og naragtighed; pedanteriets formynderi, den tunghøre psykiske side, dømmekraftens værk, tyngdekraften *spankulerer frem på nålespidser.*

Det rene rums taskenspillertrick, én eneste dør åben for en strålende fejltagelse, samtidens herskende filosofi; forstandsbedragets lumske bevis praler af diagonal-bevægelses-billedet – *ergo – bibamus*!

En stille afspejling af livet, opnåelsen af lykke gennem sindets ro; indre fred gør livet lettere at bære, smerten, håbet, forøget indsigt, lidelser og angst *med liv og indre poetisk sandhed – en stiv, livløs træmand.*

Forplantningernes morfologi, den gådefulde ætiologi – hieroglyffernes naturkraft, spøgefuld nervesvaghed og hypokondrisk teoretisk og praktisk egoisme; galeanstaltens skeptiske grænsefæstning.

En grundløs vilje "som et reb der trækker sig sammen når det bliver vådt"; erektion, bræk-fornemmelser, vejrtrækning – at lade sig frivilligt kvæle – helt og aldeles i åndedrættet.

Erkendelsessfærens lys og tomme fantomer, en dyb hemmelighed i krystallens kerneskikkelse, i substansens konstans; her slumrer galvanismen som et tørt sædekorn – som en ægyptisk mumie.

Indtrædelsespunktets *at-hed* og livskraft, en betvingende magnetisk assimilation deprimerer

fordøjelsen; udmattelsens fabrikat og splidens
attraktionskraft, et blindt begær, *en mørk dump
drift* – dets indre økonomi, med ét slag.

Fulgte sin drift i mørket, i *det magnetiske klarsyn*; i
"viljens værksteder", i verdensspejlets resignation,
ubevæget i menneskets ekko, i skikkelsernes
livsytringer – i tumlepladsens dobbelte optik.

Stræber mod midten, "den forfærdelige kedsomhed
der får livet til at stivne", dens spejl i en mørk hule,
de filosofiske farcer; løftet af åndens kraft, den
rolige kontemplation, gyser og bryder – den helt og
aldeles eneste begivenhed.

Standser tidens hjul i verdensøjets klare spejl, i
verdens væsen, et svagt anstrøg af vanvid,
hukommelsens tråde er revet over; i øjeblikkets
lunefulde erindringer, i fortryllelsens sensibilitet.

Det svageste strejf, den dybeste stilhed, i
ødemarkens knækkede vilje, et forsvindende nul,
"som en dråbe i havet der svinder hen og flyder ud i
intetheden"; under stjernehimlens hvælving.

Pirrende nøgne figurer i kærlighedens totale
tavshed; "enhver ting har en mund" (J. Böhme) –
vita propria – sjælens dyb, i skrig – *vox faucibus
haesit* (stemmen sad fast i halsen).

Forløsningens beskedenhed, en levende organisme
bærer et udødeligt liv i sig, med emblemer i
fablernes sfærer, der skærer hinanden i *sin ånds
spejl, så sand som livet selv*; en sværm af frie
hænder.

I denne trækken sig tilbage i refleksionen ligner
mennesket en skuespiller der er færdig med at
spille sin scene, og som, indtil han igen skal
optræde, tager plads blandt sit publikum for
derfra med sindsro at betragte hvad der end
måtte ske, om så det (i skuespillet forstås)
drejer sig om forberedelserne til hans egen
død.

Schopenhauer

Verden som vilje og forestilling, s, 176, 2005

Tåbelig, skrækkelig stagnation

Den lyriske poesi, åndskraften i det eksalterede
øjeblik, i menneskets spejl, i den spaltede
sindstilstand, i viljen til livet; "så føler vi gysende at
vi allerede er midt i helvede."

Den frygtindgydende vælde i den inderlige glæde, i
de monstrøse misfostre, i de langsomme melodier,
der viser os tingens hjerte; i den sande filosofi.

*"En ren moralfilosofi der ikke indeholder nogen
forklaring af naturen, sådan som Sokrates ønskede
den indført, svarer til en melodi uden harmoni, som
var det eneste Rousseau ville vide af. I modsætning
hertil vil den rene fysik og metafysik uden etik svare
til en ren harmoni uden melodi."* (Schopenhauer,
Verden som vilje og forestilling, s, 404, 2005)

Viljens spejl i livets blomst, entusiasmens
temperatur i den trøstesløse ensomhed, et usselt
spektakel i konstant lidelse; den hellige resignation
forløses kun i øjeblikke, som en trøst i livet, der
griber til alvoren.

Springstokkens frafaldslære ligner vrøvl for *egernet
der løber rundt i sit hjul*; livsviljen, det glødende liv i
den dybe søvn, nutiden som alt livs form, dette lige
nu, berøringspunktet, som "en eftermiddag der
varer evigt", i det evige verdensøje, hvor tidens
vinger slynger sig labyrintisk i verdens rene spejl,
som en kølig meditation i intellektets sfære.

Den ubeskrivelige inderlighed der kendetegner
al musik, og som gør at den svæver forbi os
som et helt fortroligt og alligevel evigt fjernt
paradis, som noget helt igennem forståeligt og
dog så uforklarligt, skyldes at musikken
gengiver alle vort inderste væsens stemninger,
men dog helt løsrevet fra virkeligheden og
fjernt fra dennes kvaler.

Schopenhauer

Verden som vilje og forestilling, s, 403, 2005

Lykken er at være sig selv nok

Samvittighedsangstens pinefulde tanker, et sygeligt
mismod i sjæleangstens vibrerende og ujævne linje;
et udstrækningsløst midtpunkt, i livets inderste
hvilepunkt, som en nedstyrtning, der til sidst brister,
som en uudslukkelig tørst.

*"Livet selv er et hav fuldt af klipper og
hvirvelstrømme som mennesket med den største
forsigtighed og omhu forsøger at undvige, om end
det er klar over at selv om det lykkes for det at sno
sig igennem ved hjælp af de største anstrengelser og
den største behændighed, så kommer det derved
hele tiden tættere og tættere på det totale, det
uundgåelige, det største og mest uheldsvangre
skibbrud, ja, det styrer direkte mod det, nemlig
døden."* (Schopenhauer, Verden som vilje og
forestilling, s, 465, 2005)

At undslippe kedsomheden, ensomheden,
tomheden, den fundamentale smerte der knytter sig
til livet; lidelsen ligger i livets væsen, i
"bekymringsstoffet", i de overspændte
sindsstemninger, i længslens viljesintensitet og
brændpunkt.

*"Erkendelsen er det der skaber en mulighed for at
ophæve viljen, for forløsning gennem frihed, for
overvindelse og tilintetgørelse af verden."*
(Schopenhauer, Verden som vilje og forestilling, s,
488, 2005)

Viljesbekræftelsessfærens samvittighed, den
uudryddelige gysen og enorme forskrækkelse; den
fuldstændige resignation, i et øjebliks jubel.

*"At være kureret for Majas blændværk og illusion og
at øve kærlighedens gerninger er ét og det samme."*
(Schopenhauer, Verden som vilje og forestilling, s,
544, 2005)

Vores sande selv, alt levende, vores hjerte udvides,
egoismen får det til at trække sig sammen;
"egoisten føler sig omgivet af fremmede og
fjendtlige fremtrædelser" – ædelmodighed,
medlidenhed – den rene kærlighed.

*"Enhver sand og ren kærlighed er medlidenhed ...
medlidenheden viser sig i den oprigtige deltagelse i
vennens ve og vel, og i de uegennyttige ofre man*

bringer ham." (Schopenhauer, Verden som vilje og forestilling, s, 548, 2005)

Tårer, gråd, resignation, *håbets fristelser, øjeblikkets smiger, nydelsens sødme*; askese – utrættelig tålmodighed og sagtmodighed – det helliges indre væsen, fromme sværmere i frivillig ærefrygt.

En filosofisk helgen i kærlighed til alt levende med indre glæde, ægte himmelsk ro, urokkelig fred og inderlig afklarethed; salig ved frihedens port, i fuldstændig resignation – den helliggørende kraft.

Den transcendentale forandring, viljens selverkendelse; genfødslen.

"Bag vores eksistens gemmer sig noget som vi først får adgang til i det øjeblik vi ryster verden af os." (Schopenhauer, Verden som vilje og forestilling, s, 584, 2005)

Det tomme intet – verdens ophævelse – sindets fuldstændige havblik – viljen er forsvundet – den tomme intethed – Hellig.

... så fortaber vi os i en bundløs tomhed og
føler os som en hul, tom glaskugle hvorfra der
lyder en stemme hvis årsag vi ikke kan finde i
kuglen selv, og idet vi således forsøger at gribe
os selv, fanger vi med gysen intet andet end et
flygtigt spøgelse.

Schopenhauer

Verden som vilje og forestilling, s, 420, 2005